Primevo
Samara Porto

Primevo
Samara Porto

1ª edição, 2017 | São Paulo

LARANJA ● ORIGINAL

Prefácio

Uma poesia decantada e encantada

"Primevo" de Samara Porto prenuncia uma poeta a caminho da maturidade. Maturidade entendida como aquele estágio de consolidação e potencialização da experiência individual, inclusive criativa, que nos mostra um feliz consórcio das faculdades da escritora. Onde suas fibras entraram em vibração, para propiciar o transporte das "verdades" do seu mundo interior para o plano da obra, ou seja, aquela capacidade depurada pela vontade e pelo tempo, que faz elevar ao consciente o que era inconsciente. Mas não somente. Há também as sobreposições e questionamentos que iluminam os momentos de abertura do ser, no qual a madureza adquire um raro poder de encantamento.

Graças ao hábil manejo das forças de seu interior, plasmadas ora em uma vigorosa imaginação, ora em seu sentir profundo, a autora emprega as palavras de tal forma, que constituem o poderoso veículo do conhecimento que temos das coisas.

É que a linguagem, nunca é demais lembrar, não é um signo como os outros: ao invés de ser um signo para o pensamento constitui o próprio pensamento, uma vez que, é ao mesmo tempo, o significado e o significante, visados pelo pensamento.

No universo poético, os mundos objetivo e subjetivo, imbricam-se de tal forma, que fazem emergir desse mundo interior, um eu-profundo, que ultrapassa o plano da consciência e inteligência discursiva. Mergulha no caótico, no vago, onde se depositam as vivências, decorrentes do contato com o mundo externo, transfiguradas pela imaginação. Nesse ponto, não há como deixar de lembrar de Fernando Pessoa, influência manifesta na obra da autora.

Do que viemos até aqui afirmando sobejam exemplos em vários de seus poemas: *Primevo, Engenho, Quando, Intransitivo, Acaso, A Boca e a Folha*. Foquemos na obra em si, vista em seu conjunto e seu núcleo de interesse para o leitor. Sob essa perspectiva, o desvelado conteúdo emocional, dos mais de cem poemas, nos convidam a saltar para um outro estágio do conhecimento. Sem ele, a emoção se desvaneceria, ficando na superficialidade. É a inteligência que fixa a emoção e desvenda o que a torna um meio de conhecer. Conhecer é o termo, porque nos conduz a novas formas de fruição. Lembra-nos de que não estamos sozinhos, nessa jornada humana, que também envolve sofrimento e solidão. Expõe nossos problemas a uma nova luz; sugerindo novas possibilidades, abrindo campos de experiências sensoriais. E ainda nos oferece uma variedade de estratégias simbólicas, nos tornando aptos a circunscrever as nossas situações.

A autora nos lembra de que, a centelha divina da qual somos feitos, nossa alma, jamais poderá ser extinta ante os desmandos que praticamos, impossível não citar os poemas "Dores do mundo" e "Livro das ignorâncias". Ao contrário, persistamos, a alma está sempre pronta a ressurgir, com uma potencialidade nunca satisfeita, de ser e criar. É o que em nós, verdadeiramente, vive. Nenhuma conquista do pensamento, nenhuma afirmação humana poderá jamais extinguir nossa sede de infinito.

Desventurados os que vivem sem saber e sem inquirir. Bem-aventurados são aqueles cujo espírito nunca está saciado de conhecimento, de uma existência mais harmônica, que se empenham e se reinventam, para realizar sempre as mais elevadas conquistas, os que buscam "um atalho para o novo".

Toda essa experiência, colhida no contato com a imaginação criadora e a sensibilidade da autora, contribuem para enriquecer a nossa maneira de ver a vida. Essa maturidade trabalhada e compartilhada aqui, nos instiga a convidar o leitor a conhecer o fascinante mundo de Samara Porto.

Krishnamurti Góes dos Anjos

Sentir é criar.
Sentir é pensar sem ideias e, por isso, sentir é compreender, visto que o Universo não tem ideias. [...]

O sentimento abre as portas da prisão
com que o pensamento fecha a alma. [...]

Deus é toda a gente.
Ver, ouvir, cheirar, gostar, palpar — são os únicos mandamentos da lei de Deus. Os sentidos são divinos porque são a nossa relação com o Universo, e a nossa relação com o Universo Deus. [...]

Fernando Pessoa

Eu livro

Eu livro
Eu me livro dos incontestes
das esferas sem nome
das bestas-feras unânimes
em amealhar migalhas da vida

Eu livro
Eu me desfolho sem vestes
na palavra solta e na rota nua
absorta em abrir caminhos
alvura dos meus novos passos

Eu livro
Eu não me grampeio ou encaderno
sou o dorso firme que a traça
não corrói e a palavra mão cheia
que intempérie nenhuma rompe

Eu livro
Eu me livro das funestas verdades
Eu me livro do ranho educado das
falsas finezas e me alinho aos periódicos
de boa cepa que decepam banalidades

Eu livro
Eu me apresento ora prosa, ora verso
dou a luz aos contos e cantos de mim,
enquanto me publico universal sem aziago
meu coração verte afago e manuscritos

No espelho da minha poesia

Sempre amei a poesia desde nascença, antes do berço
e da mamada. Ainda na barriga fui embalada pelos
sons de dentro e de fora e, ante a demora pela saída,
me aconcheguei nos versos de um ventre de mãe,
que trabalhava duro, antes de me rebentar e nunca
deixou de me cuidar.

Depois de um tempo, nem me lembro mais, rebentei
sem fôlego, com uma brutal falta de ar. Lá dentro
eu respirava versos e as estrofes vinham me ninar.
Aqui fora, uma luz intensa, tantos cheiros estranhos,
asperezas e nenhuma poesia para me amparar.
Ao invés de colo de mãe, levaram-me ao respiradouro.

E o que me legou a minha nascença? Bronquite
aguda e galopante miopia! Entre o arfar dos dias
e a chegada dos óculos, fiquei sem poesia e
me desfoquei da minha origem. Tudo era lição:
encontrar a poesia no mundo turbulento, que fizesse
ressonância com o meu coração.

Cresci moleca de pés descalços, dorso lanhado
nas árvores, picada de bichos, nas folias da escola
e no quintal. Sempre com um livro perto do nariz.
O meu maior mal foi o de espantar a poesia,
quando me tornei responsável, desrespeitando
a minha natureza poedeira...

"Ora, e punhas o quê?" — me perguntou um sanhaço azul atrevido, pousado na minha janela. Surpresa, respondi: "suí, suí, sanhaço debochado, ponhava ovos de poesia!" Sem perder a última palavra, o sanhaço que de azul se transformara em cinza, debochava: "mas que pássaro estranho, dá esse teu ovo, uma ave sem nome? E com que traçado de voo? Ora, ora, leiloo seu bico, passarinho malcriado! Tão viajado esse bicudo e não conhece as filhas de Erato e Calíope, a poesia e a eloquência?" — respondi indignada. Bateu asas o empertigado, mas não antes de fazer coco na minha janela, ô despeitado!

Hoje sei que o meu caminho é o da palavra, da pele no verso, da estrofe no sangue, da rima dos sentimentos. Além do anverso dos dias clichês, das catástrofes anunciadas, do que ficou estanque. Sou mais dos vendavais, que dos saches de bons momentos. Sou o beijo na canção, o aroma dos sons, o sabor intenso das cores, os trovões e feixes de raios, povoando os meus horizontes, a dança sinuosa dos meus escritos onde mito e grito se transformam na melodia dos meus versos, compondo paisagem sinestésica, redefinindo a minha vida e meus sentidos.

Chega um tempo em que a vida promove encontros e nos avalia prontos para transpor o que não ousamos. E se esquecemos, diante de tantos desafios, quem somos, ela nos quebra a ânfora dos dilemas e nos coloca diante do espelho. De olhos espantados e vermelhos, surge o encontro, a maresia, a troca, a nascente, a delicadeza, a poesia.

Este livro é a minha primeira cria poedeira
de poemas, nascidos da interação atenta e prazerosa
do meu olhar, com as belezas e as distorções do
mundo. No espelho da minha poesia, eu me apadrinho
de Fernando Pessoa, sem consentimento, para que
uma multiplicidade de mestres-personas sacolejem
a estrutura dos meus versos. Quero saber dos que
moram em mim e me sensibilizam para um despertar
das sensorialidades. Se somos todos um, quantos
uns moram em mim? Este livro não tem a pretensão
de responder tal questão. Apenas, libertar os uns
que me habitam, sem me ater a estilos ou métricas,
muito menos reflexões tétricas. Como escreveu Clara
Baccarin de forma primorosa: "Poesia — corrente
elétrica entre a minha alma e o seu sorriso." É nisso
que eu acredito. A poesia com múltiplas sensibilidades,
efervescências e levezas. Sobretudo, uma necessidade
visceral de expressar meu eu poético.

Eu não procuro

Eu não procuro rostos,
mas corações.

Eu não procuro cargos,
mas parceiros.

Eu não procuro dinheiro,
mas as riquezas da vida.

Eu não procuro *status*, mas,
minha própria realização.

Eu não me importo com paixões
estatísticas, quero amor por inteiro.

Eu não procuro ideologias do mundo,
só preciso dos sensos de minha alma.

Eu não procuro o riso nervoso, mas a
gargalhada franca e autônoma.

Eu não procuro amizades aritméticas,
e, sim, melodias de ternura e silêncio.

Eu não procuro terra seca, mas respeito
os ciclos e confio na sabedoria da vida.

Eu não procuro brilhos de rapina, somente
corações que saibam morar no olhar.

Quando eu escrevo

Quando escrevo o maior bem é sentir
que me atrevo a ser: eu com reentrâncias,
contundências, delicadezas, humores vários,
coração solidário, com reticências, inspiração,
ponto e vírgula, sem parênteses, liberto
monstros soturnos e olhares diuturnos,
sobre as sutilezas da vida que me encantam.

Quando escrevo me sinto muito além
do que o mundo lépido e insano apregoa.
Minha alma presente incita: voa, voa,
a vida não te espera na esquina, ainda
que florida, mas na essência amorosa,
que o cotidiano não alcança! Lanço mão
dos meus escritos para me posicionar.

Quando escrevo meu enlevo é ouvir
a voz dos meus versos ecoando no espaço.
Laços musicais os envolvem e transformam
a forma livre em sinfonia aos sentidos.
Cingido pelo gesto lúdico, meus ditos,
ao pé dos ouvidos, arrepiam a pele e a
vontade de dançar a palavra se manifesta.

Quando escrevo sou fresta, a festa,
antagonismo e consentimento, sonho
e empecilho, mas meus idílios não
me impedem de ser chão, terra, arado,
serra e dia suado de trabalho. Sou o
talho no braço, a enxada na fenda, o
abraço que acolhe, a brisa, a vivenda.

Pensamentos

Jogue os pensamentos
num balde e dilua.
Sob a luz da lua
nem tudo é liberdade.

Solte os pensamentos
da rua, evolua.
Sob o céu que flutua
tudo é vaidade.

Jogue as velhas certezas
lá fora, no lixo.
Escritos não são fixos,
expressa sua verdade.

Solte o passado e os medos,
na vala, atua.
A causa própria procura
mais alma e serenidade.

A boca e a folha

A boca por si só é folha
A folha por si só é boca
A folha beija
A boca voa
O que sente a que beija
É o que almeja a que voa
O que sente a que voa
É o que no peito me povoa
A folha e a boca alimentam
meu contínuo desejo de voo

Esquinas

Ando pelas esquinas
e avenidas
não me importa a direção
se navego na contramão
torno feliz meu coração
alegria solta na vida
Ando pelo mundo
se procuro certezas só
encontro muros tortos
pichados
vida na caixa
protocolo
enfado
quero
prazer intenso
irradiando sua beleza

Refrão

Refrão em preto e branco:
branco, alvo que escurece,
preto, todas cores recrudescem,
movimentos da vida que
não se desliga de sua
mutabilidade...

Refrão do meio, adiante,
o centro que procura
distante da sua mente,
que mente sempre senhora.
Ora de ir-se embora para
dentro de si ser estribilho...

A solidão de cada dia

Hoje eu acordei, assim meio torta,
com uma baita solidão me mordendo
os calcanhares.
E uma vontade bêbada, de estar tão perto,
indelével, que só a distância alivia.
Longe é o meu lugar.
Perto é o meu inferno.
O terno não se manifesta,
nem o meu olhar.
Estar só, na verdade, nunca estive.
A solidão é minha maior companhia,
portanto, oficializá-la é respeito que lhe devo.
E não me tem aturado por tantos anos?
E pouco lhe importa se flano nas tristezas ou
alegrias, porque sabe que sou cria do que me fiz.
E não me trata como criança, me envolve em
suas tranças, deitando-me no colo que nunca tive.
E na presunção de proximidade, quando me vejo só,
sem a quem interesse compartilhar ribalta, porta ou
pular janela, numa insólita trivialidade,
assisto a verídica lealdade.
Esta amiga, à vera, a solidão severa,
que é pura doçura e paciência.
Como não lhe fazer reverência,
se é o maior elo de ligação comigo?
Na verdade, quisera que isso tudo,
doesse menos, mas eu sinto.
Até que me afine, vou ralando nos
muros do autorreconhecimento.

A solidão que me valha, quero ter palha
macia pra deitar, quando meu corpo se
cansar dos pesos e volitar na existência
presente, como quem se consente o
direito universal de existir.
E me sigo sendo, algumas vezes, conflitando.
Noutras, aprendendo a me pacificar e libertar
de vínculos antigos, para não me comportar
como pedúnculo desfalecido.
Aspiro à galhardia dos girassóis:
florem em mim, divinas hastes de sol e luz!
Agora, me conduzam ao que me inflama,
para que a tua chama crepite nos meus
abissais, alçando-me aos florestais e
alegres anos de minha existência!
Quero a incontinência dos sorrisos,
a incoerência das gargalhadas
e a doçura dos laranjais.

Acaso

Nada é por acaso...
O vaso sobre a mesa
a saudade expectante
uma atitude de destreza
uma presença impactante

Nada é por acaso...
O olhar doce que o coração não viu
as muitas derrapadas no caminho
o beijo que não deu ou assumiu
tudo cabe num copo de vinho

Volteios

É na corda bamba que o
equilibrista sente paz.
Seus volteios fazem parte
do treinamento e prazer
de estar distante do chão,
perto do seu coração,
seu dom: iludir estrelas.
Repentista do ar e do seu
próprio corpo e tempo,
segue absorto do risco, o
ofício é aprisco, enquanto
desafia a lei da gravidade.

Artista ágil, aventureiro,
mescla técnica e disciplina,
seu passo ginástico brinca
com a coragem que o sustenta.
Trocista do espaço nos indaga
no cambaleio: o quanto já
palmilhaste a sua felicidade,
nas vagas da corda bamba?
Vencer o embaraço, que trança
tornozelos quando avançamos.
Soltar cadarços, abandonar sapatos,
assumir inteiro o coração sem idade.

Domingo

Na dó mingo....
Na paz vingo!
Na tez vinco...
Na vez brinco!
Na dor pingo...
No amor bingo!
Na desola extingo...
Na alma gingo!
Na briga trinco...
Na rima afinco!

Cupido

Cupido
rutilado
o amor
prescinde
dos
aforismos
Compõe e
pigmenta em
doces afrescos
os mais
tenros e frescos
dias de nossa
existência

Silentium

> *"Desaprendemos o valor do silêncio e fazemos de tudo para preenchê-lo, nem que seja com discursos vazios. Ter discernimento ao falar e aprender a calar são, mais que uma meta, um caminho para a paz interior."*
> Lao Tzu

Quando as coisas não fazem sentido
e a tristeza se aninha, só o silêncio...

Quando as palavras não explicitam e a
boca seca, porque falta outra, só o silêncio...

Quando a ilusão se torna presente e
o presente declina, só o silêncio...

Quando o afeto afeta tua caminhada
e tua fraqueza paralisa, só o silêncio...

Quando tua vontade de progredir ainda
se submete aos percalços, só o silêncio...

Quando os erros, ao invés de bons mestres,
puírem nossas vestes, só o silêncio...

Quando o amor a que se dedicas, não faz
morada em ti mesmo, só o silêncio...

Quando o sono chega trazendo a luz, a
rotina, mas não aconchego, só o silêncio...

Quando a raiz não se fixou o suficiente,
para arejar e revelar a vida, só o silêncio...

Quando o desejo de prosseguir fenece e a
essência já firmou seu compromisso, só o silêncio...

Quando a nostalgia do não vivido dói, tal qual
realidade vívida, assombra, esgota, só o silêncio...

Roupa velha

Tateio sem pressa
e sem culpa a roupa
velha e confortável.
A que me despe,
enquanto me veste
do que me é verdadeiro.
Tem o meu cheiro,
o meu formato,
a minha história no
tempo, o meu espaço
dentro que, mesmo a
janela quebrada, não
consegue ultrapassar.

Paixão semântica

Desinência nominal
provoca terminais
flexivos
quando te vejo:
bocas,
desejos,
loucos,
latejos.

Desinência verbal
desperta indicativos
finais
quando busco teu verbo:
a alma chovendo,
o corpo brotando,
o poema flanando.

Sem tempo,
sem modo,
aprazível.
Seu vento,
meu enredo,
inesquecível.

Primevo

E assim escrevo
sem hora
sem escolas
puro veio
palavras desdobradas
um meneio basta
para bulir na fonte
brotar aos montes
frases sonoras
significados insinuantes
mais do que semântica
ou filosofia, um olhar
no cotidiano que explode
sem circunstâncias

>Botar fogo nas palhas
>arrebentar as muralhas
>para pousar na sua
>fronte e rebumbar nas
>velhas fontes poluídas
>por ideias encascoradas.
>Jogo nelas um frenesi
>de substâncias para
>desincrustar as camadas
>de desinências

Quero a surpresa de um
caminho novo a cada frase
ainda que não tenha versos
Escrevo em seiva fresca um
universo de sentires olhares
tudo o que eu cultivar de
belo
Quero seu reverbero por
todas
as instâncias uma infância
que
não conhece tempo nem
espaço
Somente um fresco regaço
por
onde meus escritos lavam os
pés
para pisar solo sagrado este
céu
estrelado que é o reino da
poesia

Do velho tema

Zangão tomou um porre
e gritou: morre abelha!
Mamangaba riu-se do
descompensado.
Sentia a dor no cotovelo
que não tinha e os voos
sobre a vinha o deixaram
embriagado.

Zangão saltou da torre
sem asas: espatifa zangão!
Mamangaba avisou o desatinado:
nem vai encostar no chão.
Sentia a pena no corpo, mas daí
ser morto, perder a vida contida
nos sobrevoos, só mesmo um
abelhão apaixonado.

Anima

Tem uma mulher dentro de um enigma.
Até o magma te reconhece o encanto.
O canto dos pássaros serve de moldura
sonora, desenvoltura que pronuncia escrita.

Não te fora dado asas, para que pudesse
voar acima dos elementos, aprender com
os ventos, que é filha de uma inspiração
sedenta, magenta, velas da embarcação.

Reconheça a claridade que se revela intensa:
olhar enovela, acende, esfinge que defende seus
princípios, ternura e rebeldia de viver, desatar,
subverter e amar tudo o que sua anima sente.

Canção do sol

Por do sol
retirar do anzol
uma noite que cai
sem perceber que vai

Revelar todo
o silêncio do mar
recluso num peito
refeito a rimar

Vida e sentimento
a canção como instrumento
de encurtar as distâncias
florescer na elegância

Matizes a extasiar
emoções vem despertar
o amor nos move inteiros
paixão transbordando celeiros

Luz do sol
que orquestra a aurora
clareia o meu horizonte
alforriando a fonte das horas

Espalhar tuas sementes
alegria não mais dormente
que o riso se dissemine
que sua essência nos contamine

Canção do sol
que o sal não evapora
vibra tua energia
que a vida se enamora

Linguagem da alma

Música,
é a linguagem da alma.
Lúdica,
esta viagem acalma
profundas hesitações,
tantas gerações,
dentro de nós.

Música,
é o vento nos cabelos,
apelo aos sentidos,
expresso pelos sons.
Dons que se multiplicam
a cada nova emoção.

Túnica,
de acordes resolutos.
Rúnica,
de destino impoluto,
eleva os corações.
liberta das concepções,
melodias de nossa voz.

Música,
vibrações de alegria,
ritmo contagia,
nos desperta paixão.
Reflete no olhar um
universo de semitons.

Partilha

Partilha
teus sensos
tua procura
as atitudes
tua loucura
a trilha
a voz
a retinta
a quilha
o anverso
o transverso
a poda
a vertente
Existência
fecunda
é semente

Biologia

Deixa-me conhecer os
teus jardins...
Defronte ao belo portão
principal, aguardo desde os
confins teu consentimento.

Deixa-me conhecer os
teus jardins...
Calei a razão, abstraí o mundo, sua
insensatez, só para assumir de vez,
que desejo passear no teu horto.

Deixa-me conhecer os
teus jardins...
Minhas narinas reconhecem as
tuas flores e do canto dos teus
amores, deixas-te brisa fresca.

Deixa-me conhecer os
teus jardins...
Quero distinguir os teus aromas,
como quem te cataloga na biblioteca
dos sentidos, sonho vivido na ciência.

Deixa-me conhecer os
teus jardins...
Não como intrusa, mas como bióloga
que acusa descoberta de nova espécie,
amor que espera a tua semente.

Deixa-me roçar nos
teus jardins...
Não há atrito entre nossas peles, que
se reconhecem como Eros e Psiquê,
buque de almas, revoada ao entardecer.

Deixa-me roçar nos
teus jardins...
Sou Sherazade tecendo poemas,
histórias, filha da noite, guardo alvorecer
minha sedução no reino de Shariar.

Deixa-me roçar a
tua imaginação...
Enquanto escrevo no teu corpo as delícias
de um amor, as milícias do desejo entoam
solfejos, cortejo delicado, delirante, sem par.

Deixa-me adormecer nos
teus jardins...
Nas tuas vielas encantadas, jardineira, cuido
da rega, na correnteza do meu afeto, pouso,
dessedenta e me aconchega no teu silêncio.

Engenho

Eu não me inauguro,
simplesmente vivo.
Desperto todos os
meus sentires e sigo
em frente, me guiando
pelo que me mostram.

Sinto profundamente
o que me cerca, mesmo
a cerca que separa e nada
protege, porque a ilusão
não conhece contentores
e os seus estertores, criam
as desgraças no mundo.

Eu não me seguro,
represar, não ser, ocultar
são ações contra nossa
natureza e, a minha, me
pede hoje: expansão, fé,
progresso e poesia.
O que me virá dos dias,
pouco me importa, só
quero as portas abertas
e a vida me mostrando
seu esplendor, através
do amor e dos talentos
que tenho: eu sustenho.

Sou meu próprio engenho:
espremo as canas dos meus
dias, nas moendas de pedra
granita, o que me habilita a
desaguar meus sonhos pelo
cocho da garapa quente.
Na minha fornalha, de fogo
pleno, a garapa ferve até o
ponto de açúcar líquido,
doçuras que esperam brilhantes,
para se tornarem palpáveis,
afáveis, vivíveis, no cocho de
melado escorrido.

A chama

A chama
esparrama
sua luz,
labaredas.
Conduz
o olhar,
seduz
pelas formas,
traduz
minha sanha,
revela
das entranhas,
o silêncio
e a beleza
da fogueira,
que clama
inteira,
meu ardor.

Sintonia

Você chegou brisa e ternura,
irrompeu meu peito, vento forte,
endoideceu a bússola, meu norte,
desterrou meus medos, armadura,
insuflou desejo nos meus dias.

Deitou palavras no corpo do mundo,
ouvi seus ecos, nessas suas verdades,
eu me vi desafiada, minha identidade,
oculta, liberta agora por afeto fecundo,
sentir é um exercício de ousadia.

Eu me descobri poros, sentidos e escrita,
o que me eclode é seu efeito concreto,
ampliou minha visão, tornei-me catetos e
extraio desse veio profundo, minha pirita,
a paixão põe a nu e que não via.

Quero caminhar florindo esse sentimento,
suas delicadezas alimentam minha canção,
transbordo de mim, respirou meu coração,
seu ar puro, a leveza, avivou nossa sintonia.

Pacto

Não era cacto
mas espetava.
Não era acácia,
mas exalava
essa umectância
de amor fresco,
sem ranhuras.
Odeio a usura
nas emoções!
Aprecio a ternura
emoliente dos
sentimentos sem posse,
vigorosos e precoces!
Quando se dá conta —
cactácea.
Quando se afronta —
aliácea.

        Abriu sobre mim as
        asas do impacto.
        Era o pacto da minha
        alma com o verbo.
        E te olhar de costas,
        mesmo de relance,
        tinha um alcance,
        de libertar galáxias
        do meu peito,
        como se fosse um
        efeito de cinema.

Meus olhos percorriam
teu corpo e te saudavam,
como um desejo de infância,
ora acrescido da maturidade
que sabe esperar o que
realmente importa.

Escancaro minhas portas,
para que entres tempestade
e calmaria, amizade e iguaria,
para provar aos poucos, sem
pressa, sem que nada se meça,
nada se peça, para que os
versos da pele, escrevam um
amor diferente, só nosso,
cumplicidade de bocas,
de carícias e todas as
delícias da derme,
porque as texturas,
são as distrações da
alma, num mundo de
tantas indigências.
Eu não quero clemências ou
desculpas, quero amor sem culpas.
No território de nossas bocas e
vozes, soltas e ferozes, criamos
palavras que nos acolhem na
delicadeza e na canção.

Cacos e tacos

Cacos, lascas de vidro, resinas, cerâmica.
Na dinâmica da vida, fragmentos de objetos,
vivências, desinências e corações em movimento.
Só o que se movimenta, estilhaça.
Só aquilo que se enfrenta, desembaraça.
Só o que se sente, nos abraça.

Tacos, peças roliças que impulsionam, assoalho.
Os orvalhos nas folhagens condensam sonhos, que
espatifam no cotidiano, buchas vedam seus arroubos.
Só quem não se rouba a ousadia, ama.
Só quem recosta na paixão, inflama.
Só quem tropeça nos tacos, se derrama.

Cacos e tacos, ábacos do tempo,
combatendo os fármacos do desalento.

Dialeto

Qual é o seu dialeto?
Quero conhecer sua
natureza linguística,
na mística de um
encontro de geografias.
Eu sou sua vertente por
onde escoam os fundamentos
de um coração montanhoso,
repleto de puras nascentes.
Deito fluvial e me
levanto contigo em
crucial declive de
expectativas, somos ar...
Que só viva o que for
verdadeiro entre nós.
Que a sua voz seja o
meu canto e o meu
amor o seu recanto.
Santo, santo, santo,
cada sílaba desse
dialeto de afeições.

Força silenciosa do meu ventre

Aglutino
sons que se dispersam,
momentos que se conversam,
gramáticas furtivas,
terra fofa nos pés,
águas-vivas.

Altiva,
tiro do ninho meus sonhos,
ignoro os juízos medonhos,
meneio minhas ancas,
na engenharia dos passos,
minha expressão franca.

Cultivo,
raízes, flores, canções e poesia,
levezas escoltando meus dias.
Chuva abençoa meu olhar,
força silenciosa do meu ventre,
nutra o amor que me desabrocha.

Sabor santo

O frio me chega por todos os poros,
eu me demoro sim, a me agasalhar.
Gosto desse frio-semente a me lembrar
que, mesmo dormente, há de brotar
do silêncio, uma ação motora que valha
o percorrer na espinha de uma ideia nova.

Eu não me escondo sob a coberta que,
sedutora, flerta com o meu corpo, ainda
que retraído pela queda, quem não se
envereda pelos próprios abismos, segue
o manco catecismo dos que rançam seu
tom servil, desafinando na dança da vida.

Eu quero o vento frio me envolvendo, os
termômetros congelando, só para que eu
possa acender fogueiras por onde passo.
Sem fanatismo, faço da minha chaleira
um oráculo: seu vapor fumega e encanta,
lega ao chá que mergulho, um sabor santo.

Palavra e atitude

A palavra imagina,
a atitude ilumina.
Semear palavras
é chamar atitudes,
dançar com elas,
inspirar as ruas e
praças, espantar as
traças do desencanto.
Pranto é momento,
não o destino.
Sou eu que afino meu
instrumento não o desalento
das funestas ideologias.
Aprendo a compor comigo
minhas forças e consciência,
estou farta das demências
camufladas em defesa aos
oprimidos, escravizados nas
mendicâncias políticas,
travestidas de solução.
Ah, Brasil, aprende logo,
que não há salvadores da
pátria e apátridas são todos
que usurpam das suas riquezas.

E, também, os que silenciam no conformismo e na omissão, de tomarem o próprio destino em suas mãos e dizer um uníssono não a todos os jeitinhos e veleidades! A palavra dissemina, mas é a atitude que constrói e anima um tempo prioritariamente novo.

Quando a claridade floresce
Poema dedicado à escritora Clara Baccarin

Ela veste as palavras como
se fosse roupa confortável.
Afável como as estações,
no verão, vaporosa, sinuosa,
no mais árduo calor, venta.
Experimenta novos ângulos,
não faz de sua existência um
retângulo, apenas transcende.

No outono verte reflexões, folhas,
paixões, seus poemas seculares
ampliam olhares e sua vestimenta.
Aquece como lareira seu coração,
sedenta, também é canção, mais do que
os pensamentos e dias, fia seus versos,
sua vida e anseios, na roca do silêncio
aninhando inspiração entre os seios.

No inverno, quase petrifica, mas a
rica fonte do seu interior se atreve
a jorrar seus poemas nevados, que
ousam desafiar tempo e espaço,
não aceitam os embaraços de uma
vida comum, infeliz, tira os sapatos,
desafia os espectros, aduba a raiz,
rega simplicidade na luz das manhãs.

E quando chega a primavera, domada
as tuas feras, floresce nas montanhas
e no chão batido, suas vestes de vidro
transparecem as suas belezas e da nudez
de tuas verdades, brota o mais puro
encantamento, de quem conta histórias
no cumprimento de sua vida, nas fibras
do seu coração, sua maior dedicatória.

A noite não é só dos gatos pardos

A noite não é só dos gatos pardos.
É dos que sonham, dos que contemplam,
dos cardos-santos que curam as feridas
e depõem as ansiedades, dos que moram
nas cidades, mas os corações vivem nos
campos, a abençoar a terra e a alimentar
a noite de fios de prata, fazendo serenata
para as almas cheias de vida.

A noite é dos que escrevem por ofício, por
teimosia, por paixão, por chamado, que
não se sabe bem de onde, mas só escutam
a voz da noite e a voracidade dos dias.

A noite é dos que amam por vocação,
dos que antecedem à razão com os
sentimentos e, nessa pluralidade, não
perdem a singularidade de serem unos.
A beleza pungente das luzes e das
sombras, distinguindo o açoite dos
dramas dos aceites da vida.

A noite é guarida dos nossos silêncios,
das tempestades avassaladoras,
das horas de insônia, dos segredos
mais íntimos, dos ínfimos gorjeios e
dos devaneios mais inconfessáveis,
a alegria dos sentidos, a casa das
grandes sensibilidades.

Camões reavivado

Púrpura mescla no espaço
incandescendo meu olhar de amendoeira.
Os olhos que fotografam tal beleza,
conhecem a poesia destas águas,
onde se refletem as pinceladas de
um magnífico entardecer.

No mistério que une ar e água,
na faixa escura que sedimenta,
a vida acontece, experimenta, cria
novas paisagens, com a magia dos
antepassados, à beira do Danúbio,
adúbio de magiares e diversidade.

Descanso minhas retinas, neste
universo de cores intensas, muito
propensas a penetrar neste meu
devaneio, como se nos meus seios,
abrigasse todos os amores, todas as
estações, como um Camões reavivado.

Velha pia

O que não é, simplesmente, não é.
Inexorável, incontestável, impermeável,
a negação de uma realidade que
o desejo não muda.
Uma pálida e muda adjacência,
uma discrepância,
um sentir trôpego,
um látego do eu gostaria...
Gostar não basta, a realidade é vasta,
mas objetiva, mesmo que a minha lente
objetiva esteja embaçada e se,
apaixonada, pouco importa.
Se da porta caiu o ferrolho tanto melhor:
escancara-se a cara do presente!
É só o que temos...
Nossa matéria prima para voar
acima das instabilidades.
Olhos nos meus olhos,
num caco de espelho, revelam mais
do que tantos anos de avaria.
Regurgitei na velha pia um arsenal de
contrariedades, a idade faz a gente perder
certos pudores e não esconder mais esses
ardores que não têm mais cabimento.
Talvez, por isso, mereçam respeito.
Talvez, por isso, doam mais no peito,
do que aquele vivido que se esvaiu.

O que nunca é nem será, é um lembrete
da vida, de que há sempre uma parte
de nós a ser conhecida e, outra, que fica
adormecida, até que ela traga um afeto
imensurável, a sabedoria universal
conhece em nós o que anseia ser vivido.
Aquele encontro, a entrega sem refregas
ou senões, somente a brisa da cumplicidade,
acima das ilusões da verdade, um mérito dos que
estão inteiros e despertos nas veredas da vida.

Semente

*"Numa só semente de trigo há mais vida
do que num montão de feno."*
Kahlil Gibran

Nem tudo que se deita à terra
é grão robusto para germinar.
Há quem deite lixo, pesares, altares
de desencanto, muito sangue e
pranto, politicagens, como se
desfizessem com isso o mal feito.
O peito esgarçado, os sonhos
esfolados e uma caixa de ilusões
de felicidade postadas nas redes.
Tantas sedes, tantos meandros
e muita gente vestindo escafandros
de boa gente, que mente porque, gente
é só gente, nem boa nem má, só um
arraial em preto e branco ou colorido,
tal qual deres ouvido aos outros ou a
si mesmo, a escolha é sempre sua.

O que se deita à terra para germinar
encanto, só pode vir das sensibilidades
de origem profunda, pois só onde abunda
a essência, a latência das delicadezas
germina e a mina das boas causas, mora
no cerne da semente, pronta para vicejar
efeitos e frutos, deleites inteiros e
astutos, aptos a gerar colheita farta.
Uma sarta de experiências de vida se renova
a cada manhã, motivação sã, essa chuva fina,
quase uma nevoa, asperge sobre as linhas
que escrevo, um trevo de boa sorte e me
safa do corte de perder meus versos.
Ainda hoje, tropeço ao arar e semear meu
próprio caminho, gerir meu espaço, percebi
que sou passarinho aprendendo a voar.

Nos becos

Nos becos do inconsciente
mora quem realmente somos.
Pomos de Adão,
Costelas de Eva,
trevas e luz na infância de
nossos dias, transfigurados
pelo não ser todas as forças
que nos constituem.
Assim, obscurecidos, aculturados
ao que não nutre nossa essência,
chamamos de ciência, o que nos
dissuade de ser e invade nossos
sonhos de progresso, para validar
lenhoso senso comum, que nos
gelifica numa massa pegajosa.
Sinto que a hora corajosa é essa!
Romper padrões sociais perversos,
empunhar os versos de uma vida
de abundantes significados, atitudes
e muitos bocados de si mesmo.
Expurgar o marasmo e a boazinha,
buscar na consciência história só
minha e encarnar as sombras que
guardam a luz dos meus dias.

Rabiscos

Rabisco com o olhar.
Anseio paisagem nova,
minhas retinas querem
ar e luz para desenhar
nítido, o que não é um
mítico passeio, realidade
de minha existência.

Rabisco com um lápis velho
a novidade do meu olhar,
que aprofunda percepções,
consulta diapasões para
afinar seu movimento de ver
além dos sentidos, só faz
alarido o que significa.

Rabisco com peito arfando,
o ar pacífico que me restitui.
Só me preenche o que flui sem
apego, o som, a palavra, nessa
adega de emoções trincadas,
pelas frestas escorrem as
que não servem mais.

Senta

Senta, aquieta, fecha os olhos, escuta:
o meu improviso é o teu conforto.
O teu confronto é queimar vida na
ampulheta dos teus dias.

Deixa que escorra o óleo, a madorra,
a chuva, o silêncio, não é o momento
de falar, discutir, reagir, só sentir...
Tira os sapatos, o cinto, o casaco,
mesmo que o frio safo te aporrinhe.
Que definhe a tua pressa, sinto muito!

Tropece nos galhos, escorregue nas
folhas e emerja das tuas crenças,
sentenças para não ir onde estás.
Sem gás descansa, dorme, celebre e
dance o ócio dos bons presságios,
o ritmo inebriante dos doces adágios
desprendendo raios de sol dos
teus cabelos, enquanto te
enovelo no meu colo de ninfa.

Almas-poemas

Quando o vigor encontrar a calmaria
Quando as asas suportarem os vendavais
Quando a boca encontrar o seio e
o ventre abrir-se em flor, o meu amor
há de chegar ao seu como estrela
condensada em metáforas, doce olor...

Quando o equinócio encontrar seu eixo
Quando as minhas vestes forem a sua pele
Quando seu hálito for meu sabor mais sublime,
escalarei a íngreme jornada ao encontro do meu
coração, para que a chama purifique e repouse
no seu colo de paz, minha vontade de mais...

Então, me verei face a face
e o enlace do meu verbo com
o seu, encontrará a leveza de
almas-poemas que se reconhecem
e escrevem sintonia afim.

Revisita

Volta no tempo e acorda a
Lispector por dentro, recostada,
serena, como quem pousa, mas
não repousa nos pensamentos.

Volta no tempo e busca a
incendiária do fazer, o estampido
do movimento, da terra que aduba,
mas não elucubra, faz nascer.

Volta no tempo e recobra essa
pele dupla, a selvagem e a doce,
de foice e ternura, hipnotiza nesse
olhar, que transborda me acolha.

Revisita, mas te reconhece inteira,
hoje, porque é só o que importa.
Tantas portas já atravessou sem
que se desse conta, seja sua monta.

Reflexões do olhar

Olhe pra cima,
olhe pra baixo,
mas olhe!
Olhe com os dedos,
com a língua morna,
com o nariz desperto,
com afetos soltos.
Olhe solto que o
alegre te desperta.
Flerta com as horas,
mas não se perca no
tempo, seja tempestade
na falsa calmaria,
seja o desafio onde
eleita foi a estagnação.
A mão sabe quando é
o momento de tocar,
a canção sabe o quanto
pode impressionar,
o peito sabe quando não
é tempo de calar.
O sábio silêncio conhece
a fonte das palavras
que me povoam.

Quando a delicadeza choveu em mim

Quando a delicadeza choveu em mim,
acreditava que canivetes e bigornas caíssem
dos céus, porque vivia uma aspereza, que
parecia sem fim...

Como bruma, sopro de vida, ela libertou meu
olhar, cultivou meu sentir e, finalmente,
quando senti os céus, deles choviam poemas
e canções de mim...

O que a delicadeza enxerta, não é mero broto
ou ilusão, mas o arado no peito, trazendo os efeitos
da alegria de uma nova estação e a chuva lava a
alma, faz brotar um jardim...

A delicadeza é um presente, profundo respeito
à vida e nossa própria história, guarda na memória
o agente de nossas alegrias, a ternura faz companhia,
é meu próprio sim...

Hoje, nas andanças que faço, tenho meus pés descalços,
quero sentir a temperatura dos lugares, o caminho
dos olhares, por onde a palavra silenciosa, refina a
menina arlequim...

Sim, hoje é tempo

Sim, houve um tempo da delicadeza...
Da mesa posta, dos galhos soltos,
dos perfumes originais, das gargalhadas efusivas,
mãos dadas,
mas não atadas, palavras tecidas no linho escolhido,
pés descalços
nos quintais, das juninas nos laranjais, beijos
furtivos e uma gostosa liberdade de mergulhar nus,
nos riachos ancestrais, de uma incontida vontade
de beber ainda mais da vida e seus varietais.

Sim, houve tempo da aspereza...
Um azedume, um frio profundo, um asco, tantas
esporas, um tabasco no carinho imposto, uma alergia
de mundo esfolando pele e estrutura, acre distância.
O que cura essa demência, esse furor pétreo,
um funesto sem vontade, o desencontro servil
entre nada e coisa alguma, só um cansaço de viver
sem estar e se furtar o que nutre?
E assim, à deriva era o melhor lugar.

Sim, hoje é tempo de inteireza...
Pouco me interessam a marca, o lugar,
o tamanho, o valor monetário, a família, a vigília dos
estressados, eu quero partilha, a boca que se destaca,
porque a alma mora nela, puro concubinato, enquanto
inunda o corpo-afresco na dança do meu olhar.
Meu verbo é o que eu me dou, na minha aorta moram
todos os meus sonhos,
as palavras são o meu amor irrefreável.

Fole e violão

Quando eu não quiser mais nada,
talvez me venha o que desejo.
Não é o beijo, o carinho na face,
o bambeio das pernas, o pescoço,
ou ainda o alvoroço dos sentidos
aterrissando na pele nua.
É a atitude do cuidado,
o afago da lembrança,
um gesto de amizade,
um sentimento que dança suas
nuances e constrói uma aliança
que acolhe e não prende,
mas acende uma temperança,
que amadurece fruta de sol e chama
para aconchegar no colo, um polo
de boas gargalhadas e malícias.
As delícias que se cultivam na
convivência, que participa e não
tolhe, considera que nem todos
são fole, alguns, são violão.

A vida é tão sábia

A vida é tão sábia e surpreendente.
Do desencontro nasce a semente.
Da queda livre salva o parapente.
Do improvável nasce o afeto, ainda
que das negativas do mundo.
O que sabe ele de quem somos nós?
As intempéries não soterram a foz
das nossas afinidades e as diferenças
não são sentenças, mas alimentam
nossos aprendizados.
É tão bom conhecer gente nessa
cidade e não mísseis teleguiados.
O acolhimento é um carinho discreto
e delicado, que nos lembra, acima de
tudo, que somos essências afetuosas
revigorando as sensibilidades
de nossos corações, às vezes, soterrados.

Carta marítima

Se eu soubesse que a poesia
vinha bater na minha porta,
tinha transpassado minha
aorta com um caco de vidro.
Quem me etiquetou de
underground?
Quem não tropeçou em
Ezra Pound?
Se eu quisesse dar alguma
vida a esse momento, não
me perderia em casamentos.
Tomava logo um barril de
vinho regurgitando na
contramão uns versos
embebedados, que não se
aventuram em doutorados.
Meus olhos são de agricultor,
que cultiva em covas minhas,
essa esperança rasinha,
de uma poesia solta,
perdida das escolas,
feito estola de pele sintética,
miméticas são minhas técnicas
de escrita e só versejo o que em mim grita.
Prefiro os versos do acaso, que ocultam
suas histórias e me aproprio delas seca,
até o fastio de minhas retinas.

Sou a menina que perdeu o barco e
ficou no porto e, até hoje, escreve na
umidade das marinas,
meu testamento em poemas.
Minha sina embarcou e eu me aportei
entre os que sei me reconhecem som,
sal e mar, num marear de ortografias
e silêncios, minha carta marítima.

Intransitivo

Se o momento é intransitivo,
apenas vibre.
Sinta intensamente sem precisar
de um complemento.
Seja agente de sentido completo,
repleto do que te faz bem.
Este é o amém de cada dia.

Se o momento é transitivo direto,
faça trepidar.
Sentido é veio robusto que penetra
a ação da terra, além do objeto.
Transite na simplicidade, crie realidade
verbal harmônica.
A vida escreve por esta gramática.

Nada

nadica de nada
traga:
seus olhos
suas incertezas
um molho de chaves
só a leveza de ter
nadica de nada.

nadica de tudo
sinta:
seu peito
suas belezas
floreira repleta de aromas
só a singeleza de ser
nadica de tudo.

Estou melhor

Já estou melhor, obrigada!
Meu entorno em tudo me acelera
e se quer tenho tempo para a
tristeza, lágrimas ou saudade.
Sou obrigada a estar melhor,
para que o mal estar do mundo seja
remido por uma melhoria imposta.
A bosta que pisam na calçada só
prenuncia as emoções aviltadas.

Eu não me obrigo a estar melhor
quando o dissabor me visita!
Não sou a periquita viúva,
nem a lebre mutilada.
Sou gente lavada nas cinzas
do mundo, enxaguada e acolhida
pela minha própria alma.
Na sua palma eu descanso e
deito fora todo o ranço de
sorrisos plásticos e os
emblemáticos tapinhas nas costas.

Já estou melhor, desobrigada!
A laçada do meu presente sou
eu quem dou e, numa esquina
de Lisboa, encontrei esta placa.
Registrei tirando a inhaca de
tudo que aprisiona e empoeira.
Quero ser Vieira estimando
vidros que não são diamantes.

Vivendo o que está entre meus
dentes, sem pompa, mas com
todos os momentos felizes
que for capaz de merecer.

Sucedâneos

Quando eu nascer nesses
versos subcutâneos
serei só pele e ar,
uma forma de amar meus
sucedâneos, espíritos do tempo.

Quando eu brotar nessa terra,
feito cactácea em flor
serei flores e espinhos,
uma forma de me adaptar
ao amor árido desses dias.

Quando eu morar no meu centro,
nesse meu ninho, me passarinho
serei mais cores e aromas,
nenhuma redoma me contenha
única senha do meu caminho.

Quando a primavera vier, eu inverno,
seu jeito terno de renovar olhares
serei orvalho para tocar as pétalas,
repletas de seiva doce, fosse abelha,
espalhava pólen e néctar vida inteira.

Folhas

Algo de seu, de meu,
de nenhum de nós.
Na luz do dia ou no breu,
em parceria ou a sós,
folhas...

Às vezes vívidas, outras,
nem tanto.
Há ainda, outras,
ressecadas pelo amianto.
Nem tanto céu,
mas um bocado de terra,
folhas...

Algo me conecta a todas
essas seivas, formatos,
linguagens, espíritos
do mato, da selva,
almas da relva
entoando seus cânticos,
sua dança com os ventos,
seu namoro com a chuva,
folhas...

Intervalo

Gosto desse nada esse intervalo
entre o zero e o princípio
Uma via expressa sem movimento
sem fumaça uma vidraça chovida e
pacificada por um olhar que apenas
observa livre e em paz

Um vento matinal que me acarinha
sem exclusividade
Como eu o sinto é a minha verdade
se revolve meus cabelos ou arranca
as minhas vontades sinto gratidão
por esse silêncio que não me atordoa
mas me povoa de mim como se um
querubim lançasse luz na
foz do meu peito

Gosto desse não pensar como se não
existissem mente imagens roupagens
historias memórias ilusões
Só as aragens de um olhar atento
rebento e cheio de vida
Talvez por isso me sensibilize tanto
Pessoa na pessoa de Caeiro para quem
a realidade não é a pensada e tudo
simplesmente existe

O espelho mostra a verdade que se
sobrepõe ao suposto oculto o tumulto
entre sentir e pensar na realidade quente
Conduzo meus rebanhos diários e broto
em poemas-relicários vida nova
que me proponho hoje

Excessos

Excessos...
Um desandar de gestos,
um intensificar de dores,
um alaúde funerário,
um amiúde de sentimentos,
versos, portas, limites, janelas,
membranas e o prana que
regenera, sem destino,
sol a pino queimando as
retinas, da menina que
disseca sua raiz, buscando
uma matriz que não vê.

Excessos...
Que me põe cansada,
que cala a doce parte,
que transborda e manifesta,
que desengessa e faz brotar,
o que você de mim repele,
e se protege, do meu efeito,
seu direito de não sentir na pele,
a pele que me descarna, mas não
é arma, perdura até que desprenda
suas vagas, lua fora de curso, no urso
que me protege e mora em mim.

Bolero da lua

Friso discreto, nacarado, no céu é a lua
que chega trazendo o seu menestrel,
com promessas de amor, só mesmo um
cantor para traduzir um céu aberto.

Céu da sua boca, eclipsada,
beijo sem roupa, amor desnudado.
Noite de estrelas é pra ser notada:
são as cintilantes enluaradas!

Mesmo que branca, não esteja inteira,
sem as constelações para iluminar,
seus olhos são a minha lareira,
na beira do peito só a me chamar.

Abadia do coração

Tenho sede...
Não dos copos cheios
ou das xícaras festivas
que transbordam e se
perdem chão afora.
Sede dentro, das águas que
me inundam de mim, por
todos os veios e correm
nas minhas veias, artérias,
fluídas matérias, que nutrem
as faltas e refrescam meus sentidos,
quando presos aos desejos do
mundo, que vende artifícios,
mas não os sente, porque também
fabrica uma pele artificial,
um couro que só reproduz e
transpira o que não brota espontâneo.
As minhas águas fluídas correm nos
meus vales, alimentando quem sou,
como sinto e o meu recinto transborda,
quando chega ao coração.
Ele conhece todas as minhas doçuras
e desejos, porque vê pelos olhos
singelos e verdadeiros de minha alma.

Tenho sede de mãos que se unam
às minhas, como encontro de rio
e mar, um fundir sem perda, um
encontro que some e não dilua o
mais intenso e particular, de cada um,
seja água doce ou salgada,
é madrugada de amor e sintonia, a
afeição da noite, também cintila
na luz do dia.
Transbordo sem desperdício, o
solstício de verão me chama para
viver a paixão nestes meus dias.
A abadia do meu coração se abre,
como manhã cheia de vida, para
que teu sol me penetre e, no
silêncio dos olhares, nossos afluentes
interiores se encontrem e rompam
as barreiras externas, para envolver
livres os nossos corpos, avivando
nossa caminhada pelo amor e
cumplicidade, no templo da poesia,
que também se banha nestas águas.

Sabre

A cinza das horas o vento esparge
sobre a laje dos meus sonhos mais íntimos.
Desejo profundo de verdejar,
encontrar a felicidade que não se conhece
como causalidade, mas como essência
intrínseca a cada um de nós.

Resta-me no silêncio, a dignidade que me ofereço,
no cais da minha existência, descubro caminho novo,
assumindo meus enganos e desilusões,
cultivados pela ignorância de não ser.
Aprendo que a palavra, mesmo aquela que se cala,
embala meus ímpetos de canção e vida.

Trago em mim uma imensa capacidade de
me sensibilizar e afeiçoar às ternuras que
vão além do que os meus os olhos veem.
Os afetos são o meu alimento mais tenro,
tanto quanto a indigestão mais contundente.
Um sabre luzente, preciso, sabores que me
encantam e distanciam dos afagos que desejo.

Meu tempo é verso e se me disperso em saudades,
me reintegro pela poesia, que recolho todas as manhãs,
nos primeiros respiros de sol, na brisa fria e sedosa
que me impele em todas as horas: você pode.

Pés descalços

Os meus pés estão descalços,
pisam hoje os percalços vazios.
E se as solas se queimam ou se
Sangram, persisto nos desafios.
A vida é o que me escorre por
dentro e me guarda serena,
na terra e no outro lado do rio.

Das minhas mãos brotam palavras,
não cerro punhos, afrouxo as travas.
Cultivo ternura e me alimento nesse rio,
se a aridez me ronda, insuflo o meu frio.
A minh'alma atlântica ensina e dirige,
tenho a sabedoria do corpo e do peito,
acendo minha luz, o amanhã não aflige.

Eu me desnudo e consinto a melodia,
minhas peles, todos os dias, renascendo.
Olhos de amizade vivificam, enaltecem,
é amor que me envolve amanhecendo.
E se a tristeza insiste, fisga e me visita,
assumo sua presença e me esmero:
a coragem dos meus versos me habilita.

Rema, rema, rema, anátema é o sistema.
Rema, rema, rema, ser autentico gera dilema.
Rema, rema, rema, a esperança é um poema.
Rema, rema, rema, ser feliz, mais que um lema.
É direção aqui e do outro lado do rio.

Vida é diapasão

Era um dia inteiro,
mas eu observava os nacos...
Nacos do dia,
nacos nos copos,
nacos dos corpos,
algumas vezes,
esculturados e vazios.
Percebi que nos acostumamos,
tempo demasiado, a viver
dos nacos das coisas e
dos lapsos de tempo.
O que é o tempo mais do
que uma ilusão de domínio
que nos aprisiona?
Acostumamos a proferir:
não temos tempo!
Ocupados demais para
ouvir nosso coração,
sentimentos e a
essência viva que nos
sustenta e move, se de
nacos não vivêssemos.
Inteiros somos criação,
potência e solução.

Espécie que sente e
aprimora, mesmo na
aurora de tempos
discrepantes, porquê
sobrevivemos de
voos rasantes e não
de essência contundente.
Faz-se urgente aprender:
vida é diapasão!

Coentro e salsinha

O que passa pelo meu olhar
nem sempre fica.
Deixa uma impressão,
de quem sempre colhe algo,
destas vastidões de fora.
Meu olhar só se demora
naquilo que me impressiona
por dentro, já viu muito
coentro se passar por
salsinha e a vida ficar
insossa e perigosa, cozida
com ervas daninhas.
Eu já fui entrevero e hoje
quero me navegar sol a
pino, sem conhecer a
rota de marinheiro.
Sou o olho se livrando do
argueiro a buscar novas
paisagens e histórias.
Tenho minhas estiagens,
ora me sinto perdida, até
que respire fundo e me
lembre que mundo é, tão
somente, o pano de fundo
de uma breve existência.
Sou algumas vezes sarcástica
e enfurecida, carcaça puída.

No meu centro mora uma
vontade ginástica de viver
outra vida, a que mereço,
nesse espaço macio e acolhedor
entre o meu coração e sonhos.

Dores do mundo

Se eu não falo das dores do
mundo não é porque seja alienada.
A ignorância e as discrepâncias me
doem profundo e me enfurecem.
Seguem seu curso até que a consciência
se amplie e a interligação que nos une,
não aceite mais misérias do corpo e alma.
Seja calma e transparente, como a nascente
de onde viemos todos: sem credos, sem patentes
e, porque, nos achamos tenentes e coronéis,
por vezes cruéis, defendendo nossos umbigos,
nos fingindo países amigos, enriquecendo e
incentivando as misérias, a mesquinhez,
na prenhes de um estalido, agressões e um
lânguido não é nosso o problema!
Imigração em massa, que ultrapassa o desespero
e o sentido. O que a Europa vai fazer?
Mandá-los de volta ao mar, deixá-los no frio?
Corpos boiam no mar e somente o mar os
acolhe, até que os devolva à terra, se do pó
da tirania vieram, ao pó do esquecimento
voltarão. A vida, deles não se esquece, e na
travessia que fazem, os corpos jazem, mas
o espírito prevalece e progride. O que à
razão laica agride é o que sustenta a vida,
que não descuida dos seus ciclos e flui,
porque não há potência superior a ela.

Fé

O bule
a xícara
a erva e
a píncara
vontade,
quimera...
Se verte
paciência
subverte a
inconstância.
Na essência
de tudo que
é se
movimenta
a fé!

Dependurei nos meus versos

Escalei o teto, ele não desabou.
Tomei manga com leite, não me envenenei.
Descobri que peitar crenças é muito bom.
Subi meio tom e desafinei,
se ouviram, eu não sei.
Gostei sem ser gostada e o
verbo descoloriu seu significado.
O que significa para quem
não te vê significado?
Tudo é uma delicada teia que
nos mantém intrincados.
Tanto mais liberto quanto mais
inteiro dentro de si.
Estar aqui e ali, quando a singela
morada é dentro do peito, que por
direito, guarda nossa verdadeira
identidade, não uma imagem
ao mundo lançada, pedregulhos.
Fora tanto barulho.
Dentro só canção e sintonia.
Manter uma sinergia nisso tudo
parece mesmo, filme de cinema
mudo, encadeamento de cenas,
que nos propõe o cotidiano.
Prefiro a dor no peito,
que a falta insana.
O dissabor e a tentativa,
do que uma vida sem sabor,
triste bolor em nosso dias.

Dependurei nos meus versos
feito moleca e, além de um par
de pernas e rodas, eles me deram
anjos que sussurram versos para mim.
Por isso, sou assim: ora fúria, ora
passarada, ora ternura, faço troça dos
anjos e os marmanjos me acolhem em
suas asas, quando me sinto triste
ou acabrunhada sem o olhar da vida.
E sempre me dizem: vai cuidar do
teu chão, semear tuas palavras,
sons e suas muitas lavras.
Delicadeza e integridade são
perfumes que deixas no caminho.

Desassossego

Há sempre uma história,
atrás de um poema.
E pouco importa se
inventada ou vivida.
O poema é a vida que
se cria para iluminar,
noite e dia, os fragmentos
que nem sempre se entrelaçam.
Se choro ou se rio, deixo
fluir os rios que atravessam
meus despenhadeiros,
enquanto sonho entre os
travesseiros, uma realidade
mais humana, num mundo
de celeridades e receios.
Há sempre um desassossego
em meus versos.
Hoje eu trafego em vias de
mão dupla, onde o superficial
abastece os semáforos da
cidade e a simplicidade foi
transformada em artigo de
luxo, esquivando-se do
seu cultivo necessário.
Há sempre uma esperança
factível, que me chega de
forma incrível, pelo vento
que sopra aroma novo.

A vida te desafia pelo olhar
e quanto mais o treinar,
para ver e refletir o que
alimenta a alma, mais o
poema se revela inteiro,
como guia e companheiro
de jornada singular.

Canção do bicho

Sou bicho:
as forças que me movem
e me recompõe.

Sou disso:
sensibilidades que agregam
e constroem.

O viço:
de ser intensa, ser doçura,
desafio e temporal.

Verbal:
fruir palavras, minha poesia,
as vivências.

Frequências:
amor que reverbera,
nova era, que intenta.

Invento:
no meu caminho, sou destino,
na canção, meu próprio hino.

Defino:
eu sou a lei, quero ir além,
no contra fluxo ser feliz.

Matriz:
o meu espírito é meu mestre,
o meu corpo dínamo gerador,
gera amor, por que?

Sou bicho:
as forças que me movem
e me recompõe.

Sou disso:
sensibilidades que agregam
e constroem.

O viço:
de ser intensa, ser doçura,
desafio e temporal.

Leve-se

A sério mas sem gravidade
Ao que te encanta sem ilusões
Ao teu roteiro de vida sem rigidez
Ao improviso sem amadorismo
À dança sem escravizar o corpo
Ao silêncio sem ignorar os sons
Ao que faz vibrar sem entorpecer
Ao que brilha no olhar sem a cegueira
Ao amor crescido sem perder-se de si
À própria leveza sem o peso da mente
Até mim porque te proponho um voo
além de suas retinas.
Traga a menina curiosa e a mulher
que almeja a madureza.
Sentaremos todas debaixo de uma
grande árvore a contemplar o outono
enquanto nossas almas versejam
em linguagem universal

Traga-se

sem latinório
simples
feito folha
seja portadora
conduza-se
aproxime-se
atraia
ofereça
inspire
expire
sinta
experimente
guie-se
puxe-se mas
não arraste
proporcione
esteja
seja
um leve laço
um terno abraço

Uns braços

Uns braços me envolvem
e devolvem o ar, o chão,
a sensação de amplitude.
Uns braços são alaúde,
enquanto outros são
guerra e aridez.
Uns braços delgados
resgatam pele e ossos,
nossos silêncios se
acarinham em ternura
plácida e límpida.
Uns braços harmonizam
respirar e coração, uma
sinfonia de acordes vívidos,
delicados momentos,
que um aroma me
fez reviver agora.
Lá fora as pessoas passam,
distraem e se agitam.
Absorta, entre uns braços,
a vida revela seu mistério,
de fazer caber um universo
num breve instante.

Sozinha

Sozinha
só zinabre?
Sol se abre!

Sozinha
só zarpar?
Gira mar!

Sozinha
se zelo?
Estrelo!

Linhas

Observo linhas perpendiculares.
Linhas.
Espetaculares, agregam destino às formas.
Se contornas o horizonte,
um monte delas se descobre.
Linhas de cobre, linhas de concreto,
decreto de uma cidade que corre.
Enquanto meu olhar se detém
em tudo que contém vida.
Mesmo que não admitida, a vida
existe sem o seu consentimento
e sua geometria encanta numa
planta ou nos ângulos dos raios de sol.
Linhas, *passe-partout*, telas para minhas
órbitas que captam o
que os meus sensos mostram.
Linhas, linhas, linhas...

Sapatos

No caminho dos sonhos,
deixei meus sapatos,
no canto de uma escada
qualquer e, como pisasse
ora em nuvens, ora em
terra morna, rodava
feito criança.
A pujança me indicava
o caminho: minha jornada,
maior do que o meu ninho,
que pode estar, em qualquer
lugar do universo.

Lirismo

Entre tantos ismos,
saltou-me a pouco o lirismo.
Lirismo não comedido, de
Bandeira, a lira, a pira...

Como um filme de Feline,
como um poema de Conterno,
como o tema de Rota:
a arte insinua, mas não se define.
A poesia em tudo paira, amor eterno.
A música, linguagem da alma, provoca.

Lirismo brote potente nas
vidas que se esquecem!
Que os olhos descubram mais as
belezas, do que as fatalidades, já
que as cidades estão repletas delas.
Que o corpo redescubra a dança,
a parceria, o prazer de estar e
viver com encantamento.

Dançar na chuva, sem tempo,
sem espaço, sem pretexto, sem
embaraços: o lirismo como par e
a vida a tocar as cordas da alma,
num compasso, que deixe sorrisos
abertos e o coração mais perto do
que faz bem, alegra e inspira.

Vias de mãos múltiplas

Era um pequeno quarto,
uma pequena pousada...
Mas para que tanto espaço,
se a sua lembrança se
aconchega no canto
do meu travesseiro?
No recheio da existência,
ela me compartilha suas
meninices, como se atraísse
uma relva de felicidades.
Caminho pela cidade,
outrora desconhecida,
para descobrir sua
guarida e anseios.
No veio destes meus versos,
mora a cristalina fonte dos
meus dispersos afetos,
diletas naus, partem deste
sonoro sarau em que se
tornou os meus dias.
Vias de mãos múltiplas,
o viajante coleciona aragens,
momentos, e não importam
as paragens, mas seus efeitos
duradouros no peito e na vida.
A minha lembrança recorda-se
da sua, porque me chama para
dançar na rua das alegrias
manifestas e sorridas.

Persona

> "Todo estado de alma é uma paisagem.
> Uma tristeza é um lago morto dentro de nós.
> Assim, tendo nós, ao mesmo tempo, consciência do exterior
> e do nosso espírito, e sendo nosso espírito uma paisagem,
> temos ao mesmo tempo consciência de duas paisagens."
> Poema inspirado na nota preliminar
> do livro Cancioneiro de Fernando Pessoa

Nos passos de Pessoa sigo.
E não porque não tenha os
meus próprios ou motivações,
mas a poesia multifacetada,
que lhe brotava, flana em algum
lugar, na minha essência.
A vida em prosa e verso é a
verdadeira, não a que projetamos
bela, palco de invenções e tramelas,
célere, mas de duvidoso proveito.
Se multiplico para me sentir,
não revelo minhas personas.
Ouso ser o que não penso, pois disse
o mestre dos sentires: pensar é
essencialmente errar.
Então, erro visceralmente, por opção
na busca do que me falta e do
aprendizado, para concluir que
falta-me coisa alguma.
Tudo o que preciso está na minha alma.
Tudo o que realizo está no meu corpo.

Tudo o que eu sinto está no meu
peito e reverbera nas minhas ações.
Andava como corvo sem asas.
Agora sou pessoa que caminha,
com intensa capacidade de voo
e não me doo mais pelo que fui.
Responsabilizo-me pelo que sou,
por onde eu vou e pelo que posso
construir e espalhar com os meus
versos, destes meus universos, em
que as palavras cantam em mim.
Sou uma pessoa, repleta de Pessoa,
desejosa em despertar outras pessoas.
A vida é tão preciosa!
O que fazemos dela e o quanto
permitimos que ela nos faça,
reflete nossa sincronia ou não, com
seu fluxo de incessante de evolução.
Nas remadas do meu porto,
observo a paisagem e aprendo a
manter o ritmo do meu coração e
das minhas braçadas.
Encaro mar e terra, como criança
que espera, da vida, grandes
aventuras e muitas gargalhadas.
E quando as lágrimas deságuam,
respeito o meu tempo, de consultar
nos meus ventos uma coragem ancestral.

O amor nas pequenas coisas

O amor nas pequenas coisas
é brisa fresca e revigorante.
Brota simples, dos pequenos
gestos e deixa o perfume de
bem querer, sutil e delicado,
como só o amor produz.

O amor nas pequenas coisas,
nos põe fora das asperezas do
mundo e nos une a quem somos:
Moisés turbinados guiando
nossos pés e espírito, pelo
labirinto de nós mesmos.

O amor nas pequenas coisas,
reúne as diferenças, encanta-se
pela diversidade, apoia a alegria
do encontro e respeita a hora da
partida: sabe que a vida é sempre
movimento, harmonia e canção.

O amor nas pequenas coisas,
enche espaços, reconstitui peitos,
suporta distâncias, reconhece que
não há barreiras para sentimentos,
amealha para expandir, não para ter,
seiva não se detém, mas contém.

O amor nas pequenas coisas,
é amizade perene, verdadeira,
videira dos grandes vinhos, que
compartilham, vida e jornada,
humor e gargalhadas, respeitando
a essência una de cada um.

Nova espécie

Se é preciso mesmo a distância,
para acalmar a febre de ânsia,
também é preciso o poema para
reconhecer e extirpar o dilema.

Só bastam as mãos frias para
segredar à pele que, o sonho de
aquecimento, é só um chuveiro
morno, fraca potência, a verdade.

Se é preciso acordar o coração,
sair do desencanto, ainda que o
peito esteja amuado, é abrir a
janela naquele canto brotado.

Talvez uma nova espécie surja,
sua beleza inóspita e delicada.
Infante, uma herbácea alvissareira,
que liberte um peito ensolarado.

O chão que você me trouxe

O chão que você me trouxe,
me fez enxergar que tenho meus
pés tanto na terra quanto no céu.

Chão de terra preta, por onde
brota e eclode a floração branca
e perfumada dos meus cafezais.

Chão de terra roxa, por onde
meus pés caminham no horizonte
carmim, dos pores de sol outonais.

Chão da terra e chão do céu,
tão imprescindíveis quanto
as ondas, as estrelas, as cascatas
e o luar dos menestréis brilhando.

Semeiam dentro de mim
um sem rimas, um respiro tácito,
como se fossem maduros gomos
de alegria menina exalando.

Quero os pés descalços para
sentir a umidade e fertilidade
do solo, porções fartas de terra
abençoada pelos sentimentos.

Florir no chão pele,
Florir no chão seu,
Florir nesse amor meu.

Do profundo

> *"Eu só respiro quando naufrago."*
> Clara Baccarin

Do profundo é que me vem
o ar que me inunda e inspira.
E do mundo é que me vem a
terra que berra sua expressão,
neste tempo de expressos e dispersos.
Eu só me sinto quando escrevo,
porque o nervo do meu sentir se
agita e no meu corpo crepita
uma vontade indomável,
de ventar o indizível.
Eu não me sacio com o previsível.
Ah eu quero mais, muito mais!
A palavra rebelde não tem distâncias
e, minha febre de ânsias,
se multiplica na visão da
beleza que me inspira!
Mas o que te inspira criatura?
A ternura manifesta,
O peito aberto e dançante,
Os olhos vívidos e inebriantes,
de uma amizade,
de um amor,
de uma verdade que abra
caminhos e não espalhe
espinhos, porque todos
temos nossas dores e o
respeito pela humanidade

de cada um é a caridade
sem as falsas bondades,
que infestam o mundo.
Gosto da autenticidade que
nos individualiza e da verdade
que irmana, os que dela nada
temem, assumindo-a sem traumas.
Para estar à deriva é preciso
ser muito cônscio, de que a
viagem ao centro de si mesmo
é longa e reserva paisagens,
de vegetação muito distintas.
Alcemos voo,
tomemos a nau de
nossa existência!
Não há anjo que se
encarregue disso.
Assuma um compromisso
consigo e se amplie ou
seja omisso e se vicie:
em não ser,
em não viver.

O fio da navalha

O fio da navalha não corta
a carne, mas a alma de
todas as coisas.

A malha do corpo não recobre
os ossos, mas são eles que
dão estrutura para vida.

O coração bombeia sem halteres,
alferes de nossos sentimentos,
cultiva só a essência flora.

Nos músculos, dispor de si para si,
é libertar o tônus, a comunicação
com o fluxo espontâneo da vida.

O que a vida ensina

São das coisas miúdas.
São das coisas mais simples.
São das dores agudas,
que vem o nosso saber.

São dos gestos singelos.
São da boa vontade.
São dos pequenos flagelos,
que o amor transforma o ser.

Vem do espontâneo sorriso.
Vem do gesto de incentivo.
Vem o consolo preciso,
que a bondade faz florescer.

Vem das melodias divinas.
Vem quando se abre o peito.
Vem da luz o que a vida ensina:
as virtudes brotam do fazer.

Caminhos, existem tantos.
Verdade é conquista do Espírito.
Sementes desabrocham nos campos.
O momento nos convida a crescer.

O risco de um sorriso

O sorriso é sempre um risco
invadindo as proeminências da face.
O risco de se quedar ou se elevar
inteiro nessa irresistível sedução.
O sorriso é sempre uma passagem
desbravando horizontes perdidos,
indicando novas paisagens, um par
de traquinagens que se oferecem.

O sorriso é sempre um mistério,
o encanto que celebra e contamina,
extermina qualquer doença e afiança
na doçura, um coração sereno e forte.

O sorriso é sempre um tocar na alma:
onde os braços não chegam e o corpo
não alcança, é ele, dança e convite,
uma alegria desperta sem limites.

Poesia malcriada

Quando a poesia pulou
a minha janela,
me encontrou desenxabida,
sentada num banquinho
tocando uma gaita imaginária.
Se fez de transeunte, se espalhou
pelos rejuntes e colou nas minhas
sombras sob formas várias.
Sem que eu percebesse
foi se enraizando feito erva,
foi libertando a minha relva
até que fosse incontestável
na pele e sangue, tatuagem.
Acumulou nas minhas vísceras.
Dulcificou feito melíferas,
cujas abelhas povoam e
atordoam com aroma intenso.
Não me trouxe amores,
nem conto de fadas.
Mandou à merda tios e enteadas,
a poesia é malcriada e não se
importa em desagradar.
Degrada para frutificar.
Desperta para transformar.
Sensibiliza para nos lembrar:
a nossa humanidade ainda
ignora a força da sensibilidade.

Rasgo do mundo

Eu saio do rasgo do mundo,
um vociferar de rotundos
poluindo o silêncio do
meu ventre, alpendre de
minhas conquistas.
Não sou feminista, militarista,
cubista, ativista, moralista,
servilista, comunista, niilista,
reducionista, oportunista,
muito menos fatalista.
Eu simplesmente me
desprendi dos ismos.
Por que preciso abraçar uma
bandeira, estar de um lado
ou de outro, me esgueirar
numa trincheira, num estado
alucinógeno de guerra?
Meu enlevo é a terra, as folhas,
raízes, ventos, matrizes de
um instrumento harmônico
de mim, um sim ao meu corpo,
que recusa os excrementos do
mundo e os ódios fermentados.
Aceito o ócio que desviscera a ação
repetitiva e ineficaz, reconduz ao
fazer audaz, dos tempos de infância,
na inventividade que divertia mais.

Aceito a pele que enruga como a
madruga de tempo novo, de olhar
desperto para o que vale a pena:
o que sentimos,
o que aprendemos,
o que ensinamos,
o que não medramos.

Quando

Quando é que tudo se assenta?
Nunca!
Se a vida é movimento,
qual a utilidade do assento?
Sê prática, ressignifica e faz.
Se pratica, se torna audaz.
Aqui o acento vale.
Na vida, nem me fale!

Quando é que se põe fogo nas ventas?
Pra que?
Se a vida é tempero, sabor,
destempero é bolor, azedume.
Se lume, vislumbra a essência.
Se imune, pacifica e influi.
Aqui, ventas de boas aragens.
Em vida, cultiva as melhores paisagens!

Quando é que a alegria se proclama?
O que?
Se a vida movimenta e tempera,
por que a espera em ser feliz?
Sê a fagulha que trepida cócegas.
Sê a tulha que alimenta o amor.
Aqui vale o que sente.
Sem teorias, seja presente!

Sacadas

De vez em quando
eu tenho as minhas sacadas:
ou saco na bola ou não saco nada.

De vez em quando
dou as minhas pernadas:
ou perneio em tudo ou esperneio nada.

De vez em quando
sou a minha ciência:
perscruto tudo ou concluo nada.

De vez em quando
eu me rio de tudo:
se rio, transbordo, se não, afundo.

Sol mamulengo

Sol mamulengo,
tarde de outono em Sampa.
Quem sobe a rampa é isso
que vê: um trelelê do sol
com a poluição, bem ali
no pulmão do Ibirapuera.
Quem acelera, feito a cidade,
não percebe o que flagro,
magro instante de enlevo,
por que me atrevo a rimar final
de tarde com inúmeras vias
que chegam a lugar nenhum.
Um simples zoom, no recorte
do meu passeio, um tateio
nesse meu migrar pelas suas
extremidades, cidade dos
abrigos, dos mendigos, das
suntuosidades, das diversidades,
muitos genomas e anômalas
vontades, barulhos incontáveis,
imbecilidades gritantes,
demografias inflantes,
democracias estanques...
Uma Sampa que todos veem
e sentem, mas quem zela por
essa erisipela a céu aberto?

Um sol mamulengo, em tarde
de outono, que cauteriza e não
permite que meu olhar passe
desapercebido por esse lugar
e perca sua beleza discreta...

Nada que você queira

Tenho nada, não, que você queira.
Então, nem me venha com esse
olhar, com o seu cheiro, me
contornando como a um ribeiro,
pronto a jorrar na fonte.

Estou no meu semeio, carpi cada
veio, para me ver brotar e ter energia
de corredeira, porque do precipício já
conheci a beira e, agora, só tenho
espaço para o que mora em mim.

Eu quero, sim, a sua felicidade.
Mas busco a minha, com todo o
merecimento e veracidade, de quem
quer provar dos sabores, que só a
tenra idade é capaz de desvendar.

Não me venha pretender ser braço
de mar, a quem ninguém esquadrinha.
Tenha a sua liberdade, pois aprendo a
sustentar a minha, ter por perto quem
me aprecie natural como boa vinha.

Fios

Poéticos e encharcados fios,
emaranhados brios de
uma cidade.

Patéticos e apopléticos rios,
soterrados, sanha febril de
uma metrópole.

Amontoado de descuidos,
mal feitos brilham a céu aberto,
na megalópole.

Aglomerado frágil, trincheiras,
azedumes, escorrem sem destino
chorumes de uma realidade.

Emparedados e esquecidos,
tapumes não ficam imunes,
olhos flagram cachos de liberdade.

Dois lados

Eu transito entre dois lados,
o de dentro e o de fora.
Entre a amora madura e a
banana verde no cacho.
Entre o profundo e o
desgastado, o hirsuto
e o depauperado.

Ser gauche na vida não é
para qualquer um e, a poesia,
não é um tiro no escuro,
um pichar de muro ostentando
pretensa rebeldia.

Poesia é fruta madura,
carnuda, prazenteira,
mas não é sementeira de
rimas, se faz com ou sem
elas e tantas vezes, troca a
doçura por dor goela abaixo,
sem nenhum pudor.
Foge do controle e não se
submete a nenhum servilismo.

Poesia é manifestação plena
do olhar do poeta sobre a vida
interior e o estertor de seus desejos.
Sacrilégios do mundo em comunhão
com as paixões mais intensas,
amores ardendo sentenças
até que a paz do próprio colo,
transforme tudo num debulhar
de vida, pessoas e expressão.

Contas do meu terço

Vento
Venho
Nessas poucas notas
Refazer a rota
Do meu coração

Sinto
Tinto
Todos esses versos
Contas do meu terço
De rezar o amor

Ouço
Posso
Expandir meu peito em cores
Todos os amores
Que eu guardei em mim

Brilho
Filho
Desse Universo
Eras que atravesso
E me descubro em flor

Trovo
Provo
Aromas e sabores
Tudo que é sentido
Melodia o meu olhar

Toque

Toque!
O de fora,
o de dentro,
o verso,
o anverso,
o que entoa
o que destoa,
o que desperta,
a nova oferta,
o banho,
o chuveiro,
o ganho,
o seresteiro que
não esconde a fé
que transporta para
longe o que aflige.

Canção da alma

Brindar à senhora,
colocar pra fora,
sua vontade de viver,
de viver!

Domar o tempo, a hora,
e deixar, lá fora, o que
não é pra você,
por você!

Se fie no seu peito,
seu maior direito:
se fazer feliz,
ser feliz!

Sinta, dance a canção,
alma e corpo em comunhão,
o poder que isso traz, você
pode muito mais, você é mais!

Doçura no espírito, poder
que emana do teu corpo,
absorva esta canção.

Alegria em oração,
no desejo teu sabor,
de viver, finalmente,
tudo o que você sente!

De olho

Estou de olho
no tempo...
A chuva escorre
calçada afora
como se fora cascata...

Estou de olho
no tempo...
Sair das corredeiras
quero a vida sábia e
timoneira na minha fragata!

Estou de olho
no vento...
Não quero controlar seu sentido,
que me importam as crenças? Sou
o sentido que me recobra intensa!

Revestidos

Estreitos,
nos becos
caminhamos...
Nos irmanamos
em desencantos,
enquanto não
encontrarmos
nosso próprio
canto.

Afoitos,
confundimos
melodias com
o encontro das
superfícies, que
nos acolhem
quietas, setas
preponderam
sobre as metas.

Revestidos,
persistamos
nos enredos
da vida, que
convida noutra
direção, transpor
o colonialismo,
em favor de
nossa ousadia.

Imperativo

Recrudesce,
o que te intensifica, desperta e vivifica.

Amanhece,
quando se clareia, alegra-se e deflagra-se o bem.

Estabelece,
a firmeza é compromisso e só consigo na fé e com fé.

Fortalece,
o vínculo de amor, a vida precisa dele, sábio e
paciente.

Reconhece,
tua casa interior e mora permanentemente nela.

Enaltece,
a luz conduzindo tua sombra, exercício em ti mesmo.

Permanece,
na música do teu ser e te percebas inspiração divina.

Prevalece,
na busca e no encontro, tronco que sustenta,
regenera e fortifica.

Refloresce,
o incentivo dos teus versos é o amor que fecunda
tua existência.

Apócrifo

Há quem diga que não
existe poesia na bagunça.
Ela furdunça em todos os cantos.
Seu canto preferido é o do novo,
da descoberta.

Ela não deixa coberta
nenhuma de suas intimidades.
Ralha com a prosa se a descreve.
Tem órbita própria e se atreve em
qualquer assunto que se tenha.

Se empenha em encantar os achados,
mesmo que cotidianos, porque devolve
e imprime alma a tudo.

Recupera os perdidos, justamente,
porque não é pastora e se arvora de sua
sensibilidade para criar novas atmosferas.

Destitui o convencional e
comunga com o original.
Sua mira é precisa e desperta
o que é substancial.

A poesia é um
fenômeno apócrifo.

Gosto de me ver escrita

Gosto de me ver escrita,
derramada no papel,
entranhada nos teclados,
empenhada em desfazer
os obstáculos,
tentáculos são as minhas
palavras, o meu remo,
obsceno despertar,
escaleno, meu triângulo
com o criar, meu terreno
orgânico, sem venenos,
meu prazer, meu ambientar,
muitas linhas, adivinhas,
afofando a terra
no meu caminhar.

Choro

Se me demoro,
ignoro seu tempo,
ele fere e resseca.

Se aceito sua presença,
é licença poética na
biblioteca dos sentidos.

Se expressiva linguagem,
é aragem de significados
complexos e íntimos.

Se caudaloso ou gotejador,
dor não é sempre sua rima,
rio acima fluem sentimentos.

Se observo sua metafísica,
desnudo a tísica realidade: é
desapego da confusão interior.

Livro das ignorâncias

No ranço fundo,
algo mais que o
fim do mundo.
O desdentar de nova era
soltando as bestas-feras
para ruminar nesse mundo.
Mundo mastigado,
regurgitado e cuspido,
só para depois virem
os cupidos flechando
novos pares, trazendo
novos ares, com aroma
verdadeiro de progresso.
Assim é o tempo hoje,
um estertor de aberrações,
anunciando mudanças
profundas e, enquanto a
água não bater muito
na bunda, o livro das
ignorâncias estará aberto.
Só será lacrado quando a
consciência plena prosperar
e for tema das mídias,
jornais, não mais as distorções
ilusórias, violentas e mal
disfarçadas de vida.

Catarata

Eu via a queda d'água
dos meus olhos irrigando
as cores do cristalino,
elástico, fazendo festa
em tudo o que mirava.
A pupila, meu diafragma
para o mundo, deixou de
mediar a luz, dificultando
o foco e a leitura das coisas.
O que segura o olhar mesmo
que a senilidade visite os olhos,
antes do corpo ou da mente?
Instintos são a passagem para
o meu perceber e distinguir.
Neles vejo longe mesmo com
a balburdia desse tempo.
Catarata, essa nebulosa, tira
a vivacidade dos meus olhos,
mas não do meu olhar, que se
depura quanto mais turvo.
Embora queiram nos colocar
uma etiqueta de passivo
mobiliário, lembro que somos
depositários do que temos de
mais pulsante e nenhuma
burocracia irrelevante,
vale mais do que a essência
e os dons de um ser humano.

Se os olhos turvam
minha visão aguça.
Reinvento minha natureza,
sim, a destreza é uma habilidade
que se aprender e aplica.
Ela não fabrica ilusões, apura
a capacidade de transpor
obstáculos e se fazer
receptáculo das soluções.

Cascos

Meus cascos,
meus ascos,
vertigem insana,
sem prana desfaleci.

Meus cascalhos,
meus atos falhos,
meias rasgadas,
sem pés como ir?

Se a pele transborda,
nessa panela de açorda,
fervem medo e adeus,
prato avesso ao seu.

Se o meu olhar fala,
teu silêncio na pala,
difícil comunicação,
versos fenecem no porão.

Universo dentro

Note-se!
Anote-se...
Pernoite-se!
Acolha-se...
O próprio colo
não é dolo, mais
do que consolo:
universo dentro.
Integre-se!
Deflagre-se...
Elucide-se!
Revele-se...
Arte de acender
estrelas no peito,
vê-las luminárias:
veios do entusiasmo.
Musique-se!
Eclipse-se...
Regue-se!
Poete-se...

Clareio

O sentido inverso
é o verso.
Cansam-me as conjecturas,
armaduras do tempo
e da vontade.
O sem sentido é
perverso.
Tira o perfume das flores,
ignora o balanço das árvores,
o estímulo dos ventos,
a compor momentos que
valham a pena e não uma
cantilena de atividades.
O sentido das coisas
é coisa alguma.
As pessoas é que fazem
sentido, se embotados
não forem os sentimentos.
O verso sentido é
o que me dá a luz,
reluz, e nisso, clareio...

Deus em si

Por muito tempo tenho
andado na superfície.
Notei que as planícies são
mais seguras, mas quem
não mergulha nas reentrâncias,
pouco conhece de si mesmo
e do que realmente importa.
Portas e janelas tanto podem
ser aberturas quanto prisões.
Corações amanhecidos não
conhecem o gosto do sol, muito
menos, os adormecidos dançam
aos encantos da luz da lua.
Disseram que a cruz é uma
espécie de destino.
É só desenho de um menino,
que brinca e aprende a ser feliz,
quando o chamariz trágico,
se esvazia e principia o
contato com o deus em si.

Madrugada em Lisboa

É madrugada em Lisboa...
Venta muito e tenho nas ventas
um cheiro de alecrim e fumaça.
A praça está vazia.
A avenida já adormeceu,
mas estou cheia e febricitante!
Na beira do meu miradouro,
vejo uma madrugada sisuda.
Um aroma de arrudas chega-me
às narinas, até que a brisa fria
das marinas desperte meu sono.
Tenho febre de ânsias!
Da infância que me fora,
uma desbravadora quer emergir.
Da adolescente séria e comprometida,
uma leveza ainda não vivida.
Estou vívida como o vento forte,
a me acariciar, sem cortes, me
levando a dias de melhores
semeaduras e pujança.
O que é mais duro e tolhe a alegre
criança é perder-se de si, sem
aventurar-se do viver.
Toda falta de viço
tem cura, não há o que
não transforme a doçura!

O instante chove no meu
corpo e pensamentos.
É Lisboa que me acorda com
os versos dos ventos, este
escritor de sonoros relentos,
uivando na minha janela,
contando-me segredos de
capela, roubando o meu
sono e restituindo os
meus sonhos, neste
indescritível momento.

Escrita

Eu nunca soube direito o que
é a escrita, a literatura e essa
coisa dura entre o papel e a caneta,
por onde convergem tantos mundos.

Quando me descobri cheia de
palavras e sons, com tantas coisas
a expressar, vi tanta gente a dizer,
sem palavrear e, a falar, sem versar,
e tudo me pareceu uma grande
pantomima, um vindima seca.

Soltei as rédeas, esqueci as métricas,
parei de extrair as médias e permiti
verter livre, o que havia guardado
sem me preocupar se alguém
endossaria, se eu passaria de
anônima a ser vivente, quem larga
a mente encontra a alma, reduto
de todas as artes, inclusive a de viver.

Alvoreço

Eu me levanto
quando o sol
toca as montanhas
e enche a manhã
de brumas...

É pra onde ruma,
esse meu olhar,
onde meu coração
se deita e me enfeita
de paz e luz...

Faz jus à canção que
ouço, agora, memória do
bem vivido, percepções
que a pena da beleza
desenha em mim...

Sou o princípio e o fim,
de minha própria era,
uma hera que expande
intensa nesse céu, que
me floresce vida...

Outros tempos

Tire seu olhar,
das vielas ressequidas.
Tire sua vida, da
expectativa dos outros.

Outros tempos, nunca mais!
Sinta os ventos diferentes,
não iguais, estruturas
decadentes, queira mais!

Tire sua palavra,
do silêncio, sem zumbido.
Seja o estopim, e
também o estampido.

Outros tempos, nunca mais!
Sinta os ventos diferentes,
não iguais, estruturas
decadentes, queira mais!

Tire do seu peito,
sua coragem mais ativa.
Tire do seu corpo, as
sensações mais aflitivas.

Outros tempos, nunca mais!
Sinta os ventos diferentes,
não iguais, estruturas
decadentes, queira mais!

Tire da ternura,
sentimento contundente.
Tire da sua alma,
sua canção mais reluzente.

Outros tempos, nunca mais!
Sinta os ventos diferentes,
desaguando os afluentes,
acordando vendavais!

Xícara

Dá-me um cantinho
da tua xícara.
Pouco importa se de chá
ou de café.
Minha fé nesses aromas
é perene e o meu afeto não
se volatiza, aprendeu a ser
brisa pousando leve nas
xícaras só para beijar teus
lábios, seu nariz e aquela
pequenina cicatriz, que só
eu vejo, quando o beijo se
aproxima do final.
Teu corpo é um quintal de
infância, que percorro descalça,
serelepe, sem a falsa hegemonia.
Tudo é só momento e, a poesia, um
Carpe Diem volitando sobre nossas
cabeças, sem pressa...

Sol de inverno

Sol de inverno, luz de proa
nas montanhas e nas cidades.
Se nevoa, meu coração se
alegra e flutua de verdade.

As folhas secas nos ensinam
a desprender dos medos e das dores,
sinto as cores que estão além do seu olhar,
sopro de frio, o rio me convida a deslizar

Fluir como cascata,
que desbrava as matas,
para regar beleza e a vida
responde, com mais natureza.

Sol de inverno...

Antologia do sonho

Quanto vale um sonho
nesse mundo?
O que cobrar a padaria
nossa de cada dia?

Na instância onde se
origina a onírica vontade,
ela possui valor intangível.
Nessa esfera densa é compreensível
sua valoração débil e material.

Na esfera da graça, o sonho
alcançado, ultrapassa multiplicada
alegria, que o traz abraçado ao coração.
A moeda não mede ou compra o
sonho original e seus resultados.

É o espírito que o elenca e dispõe,
mantém imantando, o germinar da
coragem de atuar em meio terreno,
na realização do incomparável.

O sonho é a antevisão, o prazer,
a disciplina, o engenho, o amor
e a arte transubstanciado em asas.
Assim, saído do forno, é fatia morna e
dourada de sol, salivando novos sabores.

Uma coletânea de sonhos é a vida emprestando sua voz, à poesia e à metafísica do amor, à poeta que reinventa sua paixão de escrever e propalar seu próprio canto.

Ribeira das naus

Na ribeira das naus
odores marinhos e cores
faziam saraus no meu corpo.
Num pedaço de céu azul
escorri o meu tempo,
enquanto o vento revolvia
meus cabelos e pelos.

Deixei minhas rimas
no vão de um dos blocos
de mármore, para apertar
o passo e me deixar livre
a sentir o Terreiro do Paço,
tragada pelo azul,
batizada pelo Tejo.

Raptada pelo momento
todas as cinzas sentidas,
todas as vidas que estiveram.
Eu na margem contemplando,
ali ninguém foge,
ali ninguém se farta,
a vastidão entranha.

Crepita, insiste, perturba,
sanha de mergulhar e levar
para o fundo uma espécie
de mundo de superfície,
espectro que não singra
mas afunda, a marinha que
a poluição do olhar ignora.

Por isso, lavei meus olhos
e pés no Tejo, para que minha
caminhada seja macia
na vida que me cabe.
Essa sabe que tenho raízes,
galhos e sempre percebo muito
mais do que a superfície.

Atalho pro novo

Tomar uma água de coco,
em pleno asfalto, um azul cobalto
emoldurando os prédios.
Aquele velho tédio de fazer
sempre as mesmas coisas.

Eu não quero mais quebrar os galhos,
eu só quero um atalho pro novo.

Reeducar olhos e pés,
respeitar as minhas marés
desviar dos estorvos,
total reverência à alegria
que descubro minha ciência.

E se me chamam de tola, pomba rola,
eu não ouço o estreito, sou com efeito
o que me faço, sem estardalhaços,
só tenho tempo esse ano, para ser o bem
que me quero, no reverbero de tudo que amo.

Eu não quero mais quebrar os galhos,
eu só quero um atalho pro novo.

Índice de poemas

- 13 Eu livro
- 14 No espelho da minha poesia
- 17 Eu não procuro
- 18 Quando eu escrevo
- 20 Pensamentos
- 21 A boca e a folha
- 22 Esquinas
- 23 Refrão
- 24 A solidão de cada dia
- 26 Acaso
- 27 Volteios
- 28 Domingo
- 29 Cupido
- 30 *Silentium*
- 32 Roupa velha
- 33 Paixão semântica
- 34 Primevo
- 36 Do velho tema
- 37 *Anima*
- 38 Canção do sol
- 40 Linguagem da alma
- 41 Partilha
- 42 Biologia
- 44 Engenho
- 46 A chama
- 47 Sintonia
- 48 Pacto
- 50 Cacos e tacos
- 51 Dialeto
- 52 Força silenciosa do meu ventre
- 53 Sabor santo
- 54 Palavra e atitude

56	Quando a claridade floresce
58	A noite não é só dos gatos pardos
59	Camões reavivado
60	Velha pia
62	Semente
64	Nos becos
65	Rabiscos
66	Senta
67	Almas-poemas
68	Revisita
69	Reflexões do olhar
70	Quando a delicadeza choveu em mim
71	Sim, hoje é tempo
72	Fole e violão
73	A vida é tão sábia
74	Carta marítima
76	Intransitivo
77	Nada
78	Estou melhor
80	Sucedâneos
81	Folhas
82	Intervalo
84	Excessos
85	Bolero da lua
86	Abadia do coração
88	Sabre
89	Pés descalços
90	Vida é diapasão
92	Coentro e salsinha
94	Dores do mundo
95	Fé
96	Dependurei nos meus versos

98	Desassossego
100	Canção do bicho
102	Leve-se
103	Traga-se
104	Uns braços
105	Sozinha
106	Linhas
107	Sapatos
108	Lirismo
109	Vias de mãos múltiplas
110	Persona
112	O amor nas pequenas coisas
114	Nova espécie
115	O chão que você me trouxe
116	Do profundo
118	O fio da navalha
119	O que a vida ensina
120	O risco de um sorriso
121	Poesia malcriada
122	Rasgo do mundo
124	Quando
125	Sacadas
126	Sol mamulengo
128	Nada que você queira
129	Fios
130	Dois lados
132	Contas do meu terço
133	Toque
134	Canção da alma
135	De olho
136	Revestidos
137	Imperativo

- 138 Apócrifo
- 139 Gosto de me ver escrita
- 140 Choro
- 141 Livro das ignorâncias
- 142 Catarata
- 144 Cascos
- 145 Universo dentro
- 146 Clareio
- 147 Deus em si
- 148 Madrugada em Lisboa
- 150 Escrita
- 151 Alvoreço
- 152 Outros tempos
- 154 Xícara
- 155 Sol de inverno
- 156 Antologia do sonho
- 158 Ribeira das naus
- 160 Atalho pro novo

© 2017, Samara Porto
Todos os direitos desta edição reservados a
Laranja Original Editora e Produtora Ltda.

www.laranjaoriginal.com.br

Edição **Clara Baccarin e Filipe Moreau**
Projeto gráfico **Arquivo · Hannah Uesugi e Pedro Botton**
Produção executiva **Gabriel Mayor**
Foto da autora **Olívia Luz**

Texto revisado segundo o Novo Acordo Ortográfico
da Língua Portuguesa

Dados Internacionais de Catalogação na Publicação (CIP)
(Câmara Brasileira do Livro, SP, Brasil)

Porto, Samara
    Primevo / Samara Porto. — 1. ed. — São Paulo: Laranja
Original, 2017. — (Coleção Poetas Essenciais; v. 2 /
coordenação Filipe Moreau)

ISBN 978-85-92875-11-4

1. Poesia brasileira I. Moreau, Filipe II. Título III. Série

17-05191	CDD-869.1

    Índices para catálogo sistemático:
    1. Poesia: Literatura brasileira 869.1

Fontes **Gilroy e Greta**
Papel **Pólen Bold 90 g/m²**
Impressão **Forma Certa**
Tiragem **300**